AF601147

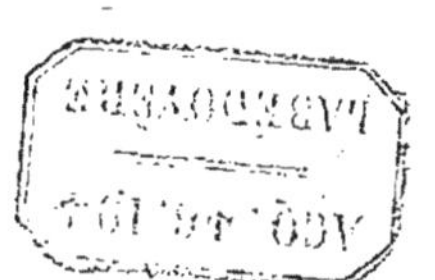

RÉFLEXIONS
SUR LES AVANTAGES
DE LA VERTU.

RÉFLEXIONS

SUR LES AVANTAGES DE LA VERTU,

PAR COLIN fils, Membre de la Société Populaire de Louhans, Département de Saône & Loire.

Discours prononcé au Temple de la Raison, le 30 floréal, & imprimé par arrêté du Conseil-général de la Commune, du 2 prairial de l'an deux de la République française, une, indivisible & populaire.

CITOYENS,

Inaccessibles aux appas dangereux de l'ambition, dédaignant les traits empoisonnés de l'envie, sans cesse occupés des moyens d'assurer la félicité publique, courageux & tranquilles au milieu des orages des factions, nos Représentants, environnés de la confiance générale des Français, au regne abominable des crimes & des préjugés de la tyrannie viennent de substituer le regne heureux de la moralité & des vertus. Aujourd'hui le patriotisme s'épure ; les sentiments republicains s'agrandissent, s'elevent; l'hypocrisie, ce monstre dévastateur qui ne s'entretient que de sang & des complots, témoigne par ses agitations tumultueuses, ſa honte, ſa rage & ſon déſeſpoir ; tous les maſques ſont arrachés ; l'innocence s'exprime & reſpire à ſon aiſe ; ſes réclamations, ſes cris ne ſont plus étouffés par les arguties de l'impoſture ; l'homme pervers confondu ne voit plus autour de lui que les débris & les victimes de ſa ſcélérateſſe ; ſon ame eſt en proie aux déchirements acérés du remords ; ſa perſpective ſe termine à l'échafaud, digne récompenſe de la multitude & de l'énormité des forfaits dont il s'était rendu coupable

Il ne fallait pas moins qu'une tranſition de cette nature, pour ſoutenir les miracles éclatants de la Révolution ; & ſi l'on s'attache à calculer la noirceur des projets de nos ennemis, on s'étonne que le vaiſſeau de la Liberté ſorte toujours triomphant, toujours plus majeſtueux du ſein des tempêtes & du chaos des conſpirations. Néceſſairement l'on doit en conclure que le Ciel partage nos intentions, & que, de concert avec nous, l'Être ſuprême, à qui nous ſommes redevables de tant de bienfaits ſignalés, frappera de mort la horde impie des deſpotes chancelants.

A préſent donc que la République eſt aſſiſe ſur des baſes certaines, à préſent que de ſuccès en ſuccès nous ſommes acheminés à la victoire la plus complette, c'eſt du côté de nous-mêmes que nous devons porter nos regards & notre attention. Après avoir vaincu les tyrans, c'eſt contre nous-mêmes qu'il faut tourner nos armes ; c'eſt à nos paſſions qu'il faut déclarer la guerre. C'eſt trop long-temps avoir vécu pour ſoi ; le moment eſt venu d'humaniſer ſon amour propre & d'utiliſer ſon exiſtence. Le Créateur en nous donnant la vie, nous l'a moins accordée pour nous que pour ſecourir nos ſemblables & reſſerrer nos actions autour de ce principe ſacrê : *l'égoïſme eſt l'ennemi le plus cruel du genre-humain !* j'en appelle à vous, infortunés vaſſaux, généreux villageois, qui jadis rampiez ſous le joug humiliant de la domination ſeigneuriale : occupés du matin au ſoir à des travaux infructueux pour vous, vos femmes & vos enfants, à quoi ſervaient vos ſueurs, ſi ce n'eſt à avilir votre être, & à réhauſſer le luxe, l'ambition & l'inſolence des uſurpateurs qui vous maîtriſaient à leur gré ? vous arrivait-il de vous plaindre des maux par leſquels on vous opprimait ; loin d'alléger vos chaînes les barbares les rendaient plus péſantes, & forcés de dévorer vos chagrins, plus ils étaient cuiſants, plus vos bourreaux éprouvaient de jouiſſances. Et vous, ſybarites orgueilleux, nobles effrénés qui vous targuiez de votre opulence, à quel emploi étaient deſtinées vos richeſſes immenſes, ſi ce n'eſt à ſoutenir votre orgueil, à tourmenter l'honnête indigent, à prolixer vos vexations ? Qu'était à vos yeux tout ce qu n'était pas vous ; c'eſt-à-dire, tout ce qui n'avait pas le caractere de crime, de dominateur, de tyran ? Vous regardiez l'honnête roturier comme un reptile indigne de la moindre attention de votre part ; c'était une faveur inſigne, lorſque par haſard, votre *grandeur* s'abaiſſait à le qualifier du nom d'homme ; & la nature entiere, toute impofante, toute merveilleufe qu'elle eft, encore que vous la fouillaffiez de votre exiftence contagieufe, devenait l'objet de vos dédains dès-lors que l'on ofait un inftant contrarier vos deffeins pernicieux.

En peu de mots, citoyens & freres, voici la peinture de l'égoïfme, de ce monftre affreux qui dévore tout, & qui, rapportant tout à lui, ne voit que lui feul dans ce vafte univers ; c'eft cet hydre, dont les têtes toujours renaiffantes, lancent leurs dards empoifonnés contre le fein de la Patrie, que nous devons pourfuivre & renverfer, fi nous voulons que les fources falutaires qui découlent de la *Montagne*, fe rêpandent fructueufement fur l'horizon républicain. En général déployons contre tous les vices l'étendard de l'intolérance. Etendons au loin le fyftême de la philantropie. Dégageons nos cœurs des paffions fcandaleufes, dont les mouvements les entraînent ; qu'ils ne palpitent déformais qu'au nom de la Liberté ; qu'ils ne reconnoiffent d'autre culte que celui de la Raifon ; qu'ils ne s'épanouiffent qu'aux doux accents de la Vertu ! Les crimes qui affligent l'humanité, nous viennent des tyrans dont ils étaient le plus brillant apanage. Nous avons anéanti ceux-ci, pourquoi ne livrerions-nous point la guerre à ceux-là ? La République eft triomphante ; mais pour qu'elle foit éternelle, il faut que la révolution s'opere dans les mœurs de la même maniere qu'elle s'eft opérée dans le gouvernement, & que le Français voue au crime une haine auffi virulente que celle qu'il a jurée au defpotifme & à fes fectateurs.

Que l'on ne s'imagine pas, comme l'ont osé dire certains personnages, qui, se targuant du titre de philosophe, dégradaient la Philosophie, que la Vertu est un être chimérique, est un fantôme dont l'ombre même est impossible à saisir. Partager cette idée, c'est se rendre coupable du blasphême le plus atroce, c'est insulter ouvertement au Créateur, c'est mettre en équivoque ses perfections, sa grandeur, sa bienfaisance; c'est l'accuser d'avoir répandu sur le globe le désordre, la perversité, l'infamie, tandis qu'au contraire ses œuvres présentent sans cesse à nos regards étonnés, le chef-d'œuvre de l'harmonie, de la sagesse & de la toute-puissance. Dieu n'a produit que le bien, les hommes seuls ont enfanté la corruption; & quiconque rejette cette calamité sur l'Être suprême, est un scélérat qui combine la perte du genre humain.

La Vertu existe réellement : élever des doutes à cet égard, entreprendre des preuves, se livrer à des détails, ce serait justement exciter votre indignation; parcequ'à coup sûr, toujours vous en avez eu le germe dans le cœur, toujours vous avez eu la certitude profonde que de son exercice seul dépend notre prospérité.

A peine sommes-nous sortis de l'enfance, à peine nous éprouvons les impressions de la nature, que nous ressentons au-dedans de nous mêmes, une tendance irrésistible au bien. Cette proclivité qui naît avec nous, n'est rien autre chose que le développement du germe de la vertu, qui s'étendant par degrés, nous sollicite à rechercher l'occasion de procurer le bonheur. Se présente-t-elle, nous la saisissons avidement, nous tremblons qu'elle ne s'échappe ; & les délices qu'elle procure à l'ame, sont une récompense si pure, si séduisante, que l'on desire sans cesse qu'elle se renouvelle le lendemain pour réitérer ses jouissances.

Ce qui donne au Gouvernement Républicain l'ascendant sur tous les autres, c'est qu'il est basé par son essence, sur l'exercice des vertus morales. L'abnégation de soi-même, un dévouement aveugle aux intérêts de la Patrie, voilà quel en est le mobile principal. On ne doit y chérir son existence particuliere, qu'autant qu'elle peut concourir au bonheur commun, & chaque action de la vie, doit-être un acte de désintéressement. Celui-là, en effet, peut-il être envisagé sous le rapport de bon Citoyen, qui tranquille au sein de l'abondance, est sourd aux cris de l'indigent, qui, au lieu d'entendre les plaintes aiguës du besoin, ferme son ame à la pitié & repousse rudement les reclamations de l'infortune ? Celui-là est-il Républicain, qui sourit complaisamment aux malheurs d'autrui, & qui, semblable au tyran de Syracuse, prête l'oreille avec satisfaction aux gémissements douloureux des victimes de sa férocité ? Non, non, Citoyens, à de tels caracteres nous ne reconnaissons que des Antropophages qui méditent notre ruine, indignes de respirer parmi les hommes libres ; le Peuple, que leur présence hideuse accable, bientôt va frapper le dernier coup de sa massuë, & soudain plongera dans le néant ces êtres infernaux qui flétriſſent la nature.

Au moment actuel, quelque violente que ſoit la criſe de la Révolution, elle n'a rien de ſurprenant. Le paſſage ſubit du vice à la vertu ne ſaurait s'opérer que par une convulſion violente qui produira des mouvements extraordinaires. Cette tempête, ſurnaturelle & néceſſaire, ne préſente rien de terrible aux yeux de l'homme de bien qui la deſire dès long-temps. Aſſailli par la cohorte honteuſe des crimes, il ſoupirait après l'inſtant heureux qui le délivrerait de tant de monſtruoſités. Auſſi ne s'effraie-t-il point de cette lutte orageuſe qui comble ſon attente. Il y trouve au contraire un retranchement à ſa probité, & tranquille au milieu des tonnerres de la vengeance nationale, il redoute peu les éclats de la foudre, dont il attend la ſérénité. Les têtes coupables ſeules en reſſentiront les effets, parce que la République ne peut plus ſouffrir dans ſon ſein des ſcélérats qui profanant ſans ceſſe le nom de Liberté, abuſent de ſes bienfaits pour torturer la Patrie.

Connutes-vous jamais de Patrie, riches dédaigneux, égoïſtes mercenaires, qui calculez vos jouiſſances ſur les ſueurs & les fatigues du Peuple que vous opprimez ? Connutes-vous jamais de Patrie, nobles des petites Communes, véritables barons de contrebande, partiſans avérés de la tyrannie, qui ne vous êtes montrés ſectateurs de la Révolution, qu'autant qu'elle paraiſſait quadrer à vos vues dominatrices ? Connutes-vous jamais de Patrie, bourgeois empesés, bouffis d'orgueil & de mépris, ennemis de l'Egalité, qui comptant pour rien le mérite que n'accompagnait pas la fortune, vous faisiez de la fainéantise un titre honorable & fastueux ? Non, non, Amis & Freres, cela n'est pas possible ; ceux qui jadis n'ont cessé de traiter le Peuple de *vile canaille*, ne sauraient être aujourd'hui ses amis sinceres. L'amour propre d'individus de cette trempe sera toujours mortifié de voir son cordonnier ou son tailleur, marcher son égal. S'il vous étourdit actuellement des cris de *vive la République*, *vive la Montagne*, *vive l'Egalité*, c'est qu'il ne lui est plus permis d'aristocratiser impunément ; mais au fond de son ame, il n'est pas moins parjure, il ne recherche pas moins l'occasion de renverser & détruire tout ce qu'il est forcé d'approuver aujourd'hui. L'expérience d'ailleurs, déjà vous a fourni plus d'une preuve de la vérité de mon assertion ; & ce ne serait pas une nouveauté pour vous, que de voir le nombre de ces prétendus amis se grossir lorsque le succès se prononce en notre faveur, & nous abandonner lâchement au moindre revers. Que dis-je, nous abandonner ? leur hypocrisie ne s'arrêterait pas là ; ils tourneraient contre nous des armes meurtrieres, ils deviendraient nos plus acharnés bourreaux.

Hommes pervers ! rentrez dans le néant, vous, vos complots & vos espérances liberticides ! vos visages de *Janus* ne vous sauveront pas ; vos masques ſont briſés ; ne comptez plus ſur l'indulgence du Peuple que vous vouliez aſſaſſiner. L'homme libre, le Républicain, ne peut pactiſer avec vous ſans devenir votre complice. Vos ames dégradées & corrompues ſont inſuſceptibles des grandes idées d'union, de félicité, de paix. Il n'émane de votre être que des exhalaiſons méphitiques, qui alterent, qui empoiſonnent notre horizon. Vos forfaits réitérés ont juſtement excité notre haine ; elle eſt implacable ; le ſort trop tard en eſt jeté ; vous périrez : oui, vous périrez tous. Sous le regne des crimes votre exiſtence était indiſpenſable, puiſqu'elle les enfantait ; mais la tolérer, ſous le régime des vertus, ce ſerait en ternir la ſplendeur, ce ſerait recommencer une chaîne de crimes.

Si je voulais vous dégoûter de la vertu, Citoyens, je commencerais par l'établir ſur la réalité de ce paradoxe répugnant, qu'elle eſt le complément de la perfection, & qu'à moins de réunir toutes les perfections phyſiques & morales, on ne ſaurait être vertueux. Alors, parfaitement reſſemblant aux anciens prédicateurs du menſonge, je vous effraierais par des impoſſibles, pour mieux vous enchaîner dans les liens du vice. Je vous montrerais les ſentiers du bien ſi parſemés d'épines, ſi difficiles à tenir, que loin de vous convaincre de la néceſſité abſolue d'y marcher, je vous en détournerais à jamais.

La vertu ne conſiſte point dans la perfection qui n'appartient qu'aux créatures céleſtes, mais uniquement dans la tendance continuelle à la perfection ; de maniere que vous serez vertueux, dès l'instant que vous vous occuperez sérieusement de devenir meilleurs, & ceci dépend de la volonté. Pour opérer le bien, il suffit de le vouloir & de le vouloir de bonne foi. Ne dépend-t-il donc pas de nous, en effet, de poursuivre ou de pardonner une injure, de secourir le malheur au lieu de l'aggraver par des vexations ? Je mettrai sous vos yeux l'une & l'autre hypothese ; vous éprouverez le contraste des sensations qu'elles produisent à l'ame. Vous apprécierez les regrets qu'occasionne la méchanceté, vous calculerez les délices que cause la bienfaisance ; puis, après avoir scrupuleusement combiné la diversité des résultats, vous n'hésiterez pas à vous déterminer. Je suppose, par exemple, qu'un individu m'ait offensé : si j'écoute les mouvements de l'amour propre, si je me laisse emporter par les impressions du ressentissement, je combinerai des moyens de vengeance ; j'irai peut-être jusqu'à épier l'occasion de pouvoir, sans aucun risque, poignarder celui que la haine me désigne sous les rapports d'un ennemi, tandis qu'il n'est que mon frere. Alors, ma passion satisfaite, mon imagination recouvrant le calme, quelle est ma récompense ? les remords me poursuivent, ma conscience est déchirée, je suis en proie à toutes les agitations. Ho, que ma conduite eut été différente, si j'eusse rappellé à mon esprit l'idée de la vertu, si j'eusse prémis à mes actions le principe de *devenir meilleur* ! Au lieu de m'abandonner précipitamment à des projets de vengeance, d'abord j'aurais pardonné à celui qui m'injuriait, j'aurais entrepris de lui démontrer ses torts, je l'aurais persuadé; puis, nous jettant à l'envi dans les bras l'un de l'autre, nous aurions oublié nos erreurs dans les étreintes de l'affection, nous les aurions noyées dans les larmes du sentiment. Ma satisfaction aurait été d'autant plus complette, d'autant plus digne d'envie, qu'en remportant une victoire éclatante sur moi-même, j'aurais séduit, j'aurais édifié mes concitoyens par l'exemple d'une bonne action.

L'homme vertueux seul est libre, disoient les Stoïciens; le méchant est toujours esclave. Qu'ils avoient raison! que cette maxime est intéressante à rappeller ici! quel vaste champ elle offre aux réflexions du vrai Républicain! Comment, en effet, oser se prétendre libre, lorsqu'on est servilement enchaîné au joug honteux des passions les plus effrénées; lorsqu'on est maîtrisé par le jeu, par l'ambition, par la luxure, par l'envie, par la sensualitê, & par toutes sortes de débauches? Il est des êtres pourtant qui ne rougissent pas de soutenir qu'ils sont libres, quoique dominés par tous ces vices, & que se vautrer ouvertement dans ces bourbiers de l'infamie, est une attribution de la Liberté. Si une pareille hypothese pouvait s'admettre, la Révolution serait une horreur, & le jour où elle s'est consommée, serait une calamité publique. La Liberté ne consiste que dans la faculté d'opérer le bien, & tout homme qui prête à ce mot une acception contraire, dès l'instant devient coupable de forfaiture envers la nature et tiere. Soyons donc vertueux , Citoyens , & Freres , puiſqu'il eſt démontré juſqu'à l'évidence , que ſans vertu il eſt impoſſible d'être libre.

Ce n'eſt pas toujours ſur des dehors , qui ſouvent ne ſont que l'effet d'une affectation hypocrite , qu'il faut juger des individus. J'eſtime davantage celui qui pratique la vertu dans l'intérieur de ſa maiſon & qui s'y tient comme enſeveli , que celui qui devant le Peuple crie ſans ceſſe à la vertu , ſans que ſon cœur en ait la moindre idée. Je n'ai pas plus de foi au patriotiſme de ce criard énergumene , qu'à la bonne foi d'un tartuffe inſidieux , qui parle de probité pour mieux conſommer un crime. Celui-là , pourrait-il donc me perſuader & mériter ma confiance , dont le langage ne reſpire que la paix , que l'union , tandis que toutes ſes actions ſont marquées au coin de l'inimitié & du déſordre ; tandis , qu'une femme & des enfans qu'il maltraite , gémiſſent du ſcandale de ſa conduite , & des maux que leur cauſe ſa duretés ? Celui-là , emportera-t-il ma croyance , qui après avoir épuiſé toutes les reſſources du raiſonnement , pour me convaincre des charmes de l'Egalité & de la Fraternité , montre un caractere dominant , vindicatif, & pourſuit avec fureur la plus légere injure ? Non , Citoyens , un perſonnage ſi affreux ne me ſéduit pas ; je veux de la franchiſe , dût-on la traiter d'inconſéquence , &, dès que les actions ne répondront pas au langage , j'aurai toujours raiſon de me défier. Qu'on lui obſerve ſes écarts , à ce prétendu moraliſte, qu'on eſſaie même , au nom de l'amitié, de lui démontrer à quel point sa vie privée s'écarte des principes qu'il manifeste en public; soudain il s'irrite, il s'emporte, il vomit des injures, son front se ride de colere, sa fureur crispe tous ses muscles; & dans cet état révoltant à dépeindre, il ne rougit pas de jurer qu'il est meilleur Républicain que *Scévola* & *Marat* mêmes. Or, je vous le demande, Amis & Freres : est-ce-là de la vertu, est-ce-là du patriotisme ?

Mais quittons cette scene affligeante dont le cœur gémit, & transportons-nous un instant chez un citoyen paisible & presque ignoré. D'abord, j'apperçois une femme intéressante, occupée à des travaux domestiques, puis des enfans qui sont l'objet de ses soins & de ses caresses. L'air de satisfaction, qui paraît sur la figure des uns & des autres, annonce la sérénité dont jouit leur ame, & d'avance fait l'éloge de celui qui leur procure cette félicité. Par des hymnes patriotiques, ils chantent les bienfaits de la Révolution, ils expriment leur haine pour les tyrans, & leur ardent amour pour la Liberté. Ils ne s'entretiennent que de leur devoirs envers l'Etre suprême, envers la Patrie, les Lois & les Magistrats. Chaque instant de leur vie est un acte de générosité; faire des heureux, voilà leur jouissance. Leur pere parle peu en public. Il assiste assidument au Temple de la Raison & à la Société Populaire, où il ne manque pas de les conduire. Des méchants y causent-ils du trouble, il leur apprend combien ces êtres-là sont dangereux & nuisibles à l'instruction & à la société. Il leur indique par quels pieges leur noirceur tente de tourmenter l'homme de bien ; il plaint ces malheureux, il se tient en garde contre leurs ruses ; mais il ne les déteste pas, parce qu'il espere qu'ils se convertiront à force de bons exemples. Se commet-il une bonne action, il est avide à la saisir, il la développe à ses enfants ; il l'inculque à leur jeune ame, & ne tarde pas à leur présenter le moment de l'exercer eux-mêmes ? C'est ainsi, que dès le bas âge, il leur inocule l'amour du bien & les dirige vers la perfection. Il méconnaît la haine, la vindication, la calomnie, la médisance. Il ne jalouse les talents de personne. Si quelqu'un en est plus que lui favorisé de la nature, au lieu de les décrier ou d'en prendre ombrage, il s'applaudit de pouvoir en retirer des lumieres. Citoyens, je suis dédommagé & vous l'êtes également. Mon cœur s'épanouit à l'ivresse. Enfin, j'ai trouvé un bon pere, un bon mari, un bon Citoyen, en un mot, un homme vertueux. Il se gardera bien de crier à tue-tête, qu'il est le *meilleur Républicain* du monde, si par hasard l'affection lui reproche un défaut. Au contraire, il témoignera de la reconnoissance, il embrassera celui qui l'aime assez pour lui retracer ses erreurs & l'en garantir. Son intention est fortement prononcée de devenir *meilleur* encore ; aussi, afin de l'imiter, verra-t-il toujours un *meilleur Républicain* que lui. Voilà le Patriote que je révere, Amis & Freres ; c'est en lui que je mets la plus aveugle confiance, & sans doute vous ne me blâmerez point de la placer ainsi.

Les mœurs font au corps politique ce que l'ame eft au corps humain. De même que l'ame donne la vie au corps & foutient fes mouvements, de même les mœurs font le reffort d'un Etat qui fans elles dépérit & tombe, quelque bonne & précieufe que puiffe être la forme du gouvernement. A Sparte, à Athenes, à Rome, tant que les mœurs furent en vénération, on triompha de tous les complots. En vain, les confpirateurs leverent l'étendard de la révolte ; en vain ils prirent les armes contre la Liberté. Efclaves des defpotes, efclaves de leurs paffions dont ils étaient les vils inftruments, toujours ils furent repouffés & vaincus. Ces Républiques, jadis fi fameufes, ne doivent leur chûte qu'à la corruption des mœurs. Elles feraient encore floriffantes, fi le luxe, la débauche, la molleffe, en un mot, tous les vices dont eft fufceptible l'efpece humaine, ne s'y fuffent pas introduits. Ce fut de tous les temps que fur les débris du crime s'éleva le defpotifme ; auffi, pour prévenir ce fléau deftructeur, la Convention nationale, convaincue qu'une République ne faurait fubfifter fans une certaine auftérité de mœurs, vient-elle de mettre au grand ordre du jour l'exercice habituel des vertus. C'eft-là le plus fûr & le dernier coup qu'il reftait à porter à tous les genres de defpotifme.

Au point où eft actuellement notre fublime Révolution, ne vous imaginez pas, Citoyens, que vos ennemis les plus dangéreux foient les tyrans coalifés, à qui nos braves défenfeurs feront bientôt mordre la pouſſiere, ni les ariſtocrates fédéraliſtes qu'epouvantent les loix ſalutaires qui émanent de la ſageſſe & du zele des légiſlateurs ; ce ſont vos propres paſſions qui vous tyranniſent d'autant plus, que vous paraiſſez ſuivre complaiſamment le tourbillon où elles vous entraînent ; ce ſont elles qui fomentent parmi vous les haines, les diviſions, les défiances ; ce ſont elles, qui fauſſement vous perſuadent que tels ou tels ſont vos ennemis, parce qu'ils ont le courage de tenter de vous faire ſortir du chemin de l'erreur ; ce ſont elles qui vous portent à donner aux intentions les plus pures, le vernis injurieux de la diſſimulation & de la perfidie ; ce ſont elles, en un mot, qui vous excitent à diſſéminer le déſordre, lors même que tout concourt à la paix. Voilà pourtant l'eſclavage odieux ſous lequel, ſans vous en douter, vous inclinez une tête que vous croyez libre. Rompez donc cette chaîne effrayante qui vous accable de ſon poids énorme : réuniſſez vos efforts & vous ne tarderez pas à la diſſoudre ; c'eſt alors que vous ſerez véritablement libres & républicains. Juſqu'à ce que cette nouvelle révolution ſe ſoit opérée, vous devez vous interdire l'idée même du bonheur. Vous avez beau parler d'union, de fraternité, de confiance, ſans ceſſe vous ſerez dans l'agitation & le tumulte ; ſans ceſſe au lieu de freres vous croirez appercevoir autour de vous des frippons & des traîtres, parce que vous verrez tout, à travers le microſcope rembruni des paſſions. Celui qui vous aura annoncé les vérités les plus morales, les plus patriotiques, ſera précifément celui fur lequel vous dirigerez les foupçons les plus affligeants ; vous aurez une reffemblance parfaite avec les enfants de Babylone, qui, voulant conftruire fans s'entendre, eurent la douleur de voir s'écrouler un édifice auquel ils fe flattaient de tranfmettre l'immortalité.

Je vous ai parlé le langage de la Raifon, Citoyens & Freres : heureux, fi j'ai réuffi à vous convaincre! Si j'avais plus d'âge & plus d'expérience, j'aurais peut-être mieux traité un fujet auffi intéreffant. J'en ai dit affez néanmoins, pour pénétrer des cœurs dont la propenfion naturelle fe dirige vers la vertu. Déformais étudions fcrupuleufement toutes nos démarches, & que chacun des inftants de notre vie tende à la perfection. Secondons, autant qu'il eft en nous, les efforts de nos dignes Repréfentants, dont le zele eft incapable de fe rallentir. Ils ont juré de confolider le bonheur du Peuple, & de n'abandonner le timon de l'État, qu'après avoir détourné tous les orages. Nous avons placé en eux la plus aveuglé confiance. En mettant la Vertu à l'ordre du jour, ils nous témoignent d'une maniere bien touchante à quel point ils la méritent. Par là, ils proclament le le regne de la Moralité ; ils montrent aux citoyens l'étendue des devoirs qu'ils ont à remplir; ils prefcrivent fur-tout aux Magiftrats de fe pénétrer de ces principes fublimes, fource inépuifable de la profpérité générale. L'anathême eft prononcé ; malheur à eux s'ils s'en écartent! Les Magiftrats font les peres du Peuple ; à eux principalement appartient la donce prérogative d'ouvrir & de répandre les canaux ſalutaires de la Révolution, tâche auguſte, qui, toute pénible qu'elle eſt, porte en elle-même ſa récompenſe. Lorſque de tels hommes affichent l'immoralité, comment voulez-vous qu'ils perſuadent ? par leur conduite, ils doivent les premiers donner l'exemple des vérités qu'ils annoncent, ou bien, à juſte titre, ils ſeront accuſés d'impoſture. En vain ils s'eſcrimeront à démontrer les avantages multipliés de la vertu, & les jouiſſances indicibles qui accompagnent ſon culte, s'ils ne ſont pas vertueux eux-mêmes, bien loin d'en propager les charmes, ils ſouleveront les eſprits contre cette Divinité tutélaire ; ils imprimeront une teinte de vrai au ſyſtême infame des Athées qui prétendent que l'exiſtence de la Vertu, comme celle de Dieu, ſont une miſérable chimere.

Il eſt donc prouvé juſqu'à l'évidence, que ſans vertu il n'eſt point de félicité, & qu'auſſi-tôt que l'on perd de vue l'idée de dévenir meilleur, nos actions ſont autant de crimes, puiſqu'alors l'égoïſme ſeul les caractériſe. Eh bien ! ſoyons vertueux. De même que nous avons juré la perte des tyrans, jurons la deſtruction des vices. Que ſur l'horizon de la Liberté flottent les étendards de la Vertu ; que par-tout on lui éleve des trophées ; que nos cœurs ſoient les principaux autels où ſe conſummera l'encens qui doit être brûlé en ſon honneur ! Dès que la Vertu ſera en vénération, vous verrez pâlir nos ennemis, leurs efforts feront impuiffants ; ils auront beau s'agglomerer autour de nous, & tenter par la féduction ou l'artifice de nous alluvionner de leurs principes défaftrueux ; foudain ils feront découverts, leurs complots avorteront à l'heure même où ils feront conçus. Malgré leur fcélérateffe, nous jouirons de la paix, de la confiance réciproque & de l'union intérieure. Les perfonnalités, les haines, les vengeances difparoîtront avec les crimes ; les liens de la fraternité fe refferreront pour ne plus fe diffoudre, & les Français vraiment libres, circonfcrits en un cercle dont le centre fera la Vertu, s'entretiendront avec amitié, fe confondront dans les embraffements de la tendreffe. Confolez-vous, vieillards refpectables, vous qui gémiffez de la dépravation du fiecle dont vous redoutez les effets pour vous enfants ; confolez-vous, le foleil de la Vertu les éclaire ; ils ne feront plus entraînés par de mauvais exemples. Et vous, meres affectueufes & fenfibles, qui verfez des pleurs fur les égarements de vos filles, féchez, oui féchez vos larmes, bientôt il n'y aura plus de féducteurs. La République fe régénere fous les aufpices de la Raifon ; elle fera purgée de toutes les émanations impures qui l'infeftaient. Enfin, les hommes ont réfolu de vivre en freres & de protéger l'innocence, trop long-temps outragée fous le defpotifme de de la corruption.

Grand Dieu ! arbitre fouverain de nos deftinées, toi que nous réconnaiffons & que nous adorons, reçois les ſinceres hommages de notre gratitude ; aide-nous à marcher dans le ſentier de la perfection ; ſoutiens les réſolutions que nous venons de prendre ; arrache de nos ames, dont les replis les plus ſecrets ſont dévoilés à tes yeux, tout ce qui inclinerait à les contrarier ; pénetre-les de cet enthouſiaſme brûlant qui doit les embraſer de l'amour de la Vertu, & entretenir l'horreur ſalutaire que doit inſpirer le crime ; éclaire-nous du flambeau de ta ſageſſe profonde ; accorde-nous la protection de ton bras puiſſant, & cette nouvelle victoire ne nous ſera pas plus difficile que tant d'autres que nous avons remportées en ton nom : c'eſt alors que dégagés de toutes les faibleſſes humaines, nous chanterons tes bienfaits, nous célébrerons tes louanges ; redevenus tes créatures, nous t'adreſſerons des vœux plus dignes de toi, plus dignes de la Liberté & de l'Egalité qui ſont ton ouvrage. Le triomphe que nous aurons obtenu ſur nos paſſions, rétabliſſant parmi nous le doux empire de la ſérénité & de la bonne foi, atterrera tous les malheureux qui conſpirent contre la Patrie ; puis, en dépit de leurs trames, les Français, ſerrés affectueuſement autour de la mere commune, crieront à jamais : *Vive la République*, baſée ſur la pratique des *Morales* & des *Vertus* !

A COMMUNE-AFFRANCHIE,

De l'Imprimerie de P. BERNARD, aux halles de la Grenette.

www.ingramcontent.com/pod-product-compliance
Ingram Content Group UK Ltd.
Pitfield, Milton Keynes, MK11 3LW, UK
UKHW022207190726
13855UKWH00004B/1654

9 782013 040280